“ふがいない自分”と生きる

渡辺和子

NHK「こころの時代」

「ひとつひとつのことを
本当にていねいに両手でいただいて、
たとえそれが病気であっても、災難であっても、挫折《ざせつ》であっても、
または人からの裏切りであっても。

本当に悲しい、つきかえしたい。

そのひとつひとつを両手でいただく。

神様は力に余る試練を、決してお与えになりません」

このように語っていた、シスターの渡辺和子さんは、２０１６年12月に89歳で召天されました。

理事長を務めていたノートルダム清心学園の大学で、亡くなる直前まで教壇に立って、若い人たちに「よりよき生き方」を説いていたのです。

渡辺さんは、１９２７（昭和２）年、北海道の旭川《あさひかわ》で生を受けました。父は渡辺錠太郎《じょうたろう》。

１９３６（昭和11）年に陸軍の青年将校が武装蜂起《ほうき》して要人を殺害した二・二六事件の、犠牲者のひとりです。

当時９歳だった渡辺さんの、目の前で射殺されました。

激動の幼少期を過ごした渡辺さんは、１９４５（昭和20）年４月、太平洋戦争が続く中、18歳で母の大反対を押しきり、キリスト教の洗礼を受けます。

そして1956（昭和31）年、29歳の時に「シスター（修道女）」になりました。

修道院からアメリカへ派遣され、大学院で博士号を取得して帰国。36歳で、岡山市にあるノートルダム清心女子大学の学長に任命され、やがて、ノートルダム清心学園の理事長となります。

68歳の時には、膠原病《こうげんびょう》をわずらい、薬の副作用で背中の骨を損傷。身長が14センチも縮み、重いものが持てなくなってしまいますが、病さえも「神様の賜物《たまもの》」と受けいれていたのです。

信仰と体験に基づいて、愛と示唆に満ちた言葉を数多く世に出し、人々に生きる勇気と希望を与えつづけていました。

「若さは永遠ではなく、老いてくるとさまざまなものが自分から離れていく。

しかし齢《よわい》を重ねることで初めてわかることもある。ふがいない自分と向きあって、仲良く生きていくことが大切だ」

渡辺和子シスター85歳の時の言葉です。

渡辺さんに見えていた心の世界とは、どんなものだったのでしょうか？

本書は、２０１２年９月に放送されたＮＨＫ・Ｅテレ「こころの時代～宗教・人生～　『〝ふがいない自分〟と生きる』」を書籍に構成しました。

きき手は、当時、ＮＨＫ大阪放送局に在籍していた小山正人アナウンサーです。

もくじ

若い人たちからは「元気」を。
若い人たちには、「やさしさ」や「いたわり」を。
それが「コミュニケーション」。
そこに「信頼感」が生まれます。

――日々若い人たちに囲まれて、どういうふうに感じておられますか？

わたくし、若い人が好きですから、その意味ではとても幸せでございます。

ただ、40、50年近く前から、若い学生たちと接しておりまして、昔の学生たちと比べると、打たれ弱いといいますか、ちょっとのことで気を落として、「シスター、こういう時にはどうしたらいい？」って聞きにきたりしてくれます。

でも、わたくしは、学生たちから、たくさん元気をもらっていて、ありがたいと思っています。

――打たれ弱くなっているというのは、昔の学生たちの方が強かった？

がまん強かったということ。以前は、兄弟姉妹が多かったからかもしれませんけれども、わりに人にゆずらなければならないという場面がたくさんあって、人にゆずるということができていたように思います。

そのような場面に直面することが少なくなってきて、今の人たちは、「私が」「私を」っていう、「私」っていうのが、強いような気がします。

それが、個性的という意味では、必ずしもなくて、「みんながこういうくつをはけば、自分もこういうくつをはかないといけない」とか「みんながこういうソックスをはけば、ソックスも」となる。

そういう点では、矛盾のようなところもあるんですけれど、個性的になりたい、目立ちたいという気持ちは強いんですけれども、人とあまり変わっていたくはないと。そういう気持ちを、学生たちが持っているように思います。

そういう時に、わたしは、目立ちたければ髪の毛とか、服装とかあまり奇抜なものをして目立つのでなくて、今の人が忘れがちな「美しいおじぎ」とか、「正しい言葉づかい」とか、お年を召した方に、進んで「席をゆずる」とか、そういうことで目立ちなさいということをいっています。

――ここの学生たちは、礼儀正しいなと感じたのですが……。

わたくしがここにまいりまして、わたくしの方からあいさつしたり、笑顔を向けたりしていましたら、学生たちも、だんだんそういう風になってきてくれました。

「おはようございます、◯◯さん」

学生たちがいま求めているのは、これなんですね。ただおじぎをして通っていってもいいけれども、わたくしが「おはようございます、中村さん」とか「おはようございます、佐藤さん」と名前を呼んで、声をかけることで、「今日はシスターにあいさつしてもらった。今日はきっといいことがある」って、学生たちはそういう心理になってくれる。

学生たちが求めているのは、「コミュニケーション」であり、「やさしさ」であり、「いたわり」なんですね。

シスターだからっていばっているんではなくて、シスターたちも自分たちと同じように苦労していたり、習ったりしてるんだっていう、ある種の「信頼感」だと思います。

父の死。
ああこういうものかっていうことだけ。
涙も出しませんでした。

1936（昭和11）年2月26日早朝。

9歳だったわたしの目の前で、父は殺されました。


渡辺和子さんは1927（昭和2）年、北海道旭川で生まれました。

陸軍軍人だった父の渡辺錠太郎は、当時、旭川第七師団長を務めていました。師団は、数個の連隊の集まりで、師団長は10000人前後の軍人を率いる要職でした。

1935（昭和10）年、父の錠太郎は、陸軍軍人の教育を司る教育総監に就任します。ところが、翌年の1936（昭和11）年2月26日早朝、渡辺さんの目の前で、銃弾を浴びて殺されました。

陸軍の青年将校ら約1500人が、総理大臣官邸や大臣の邸宅、新聞社などを襲撃した軍事クーデター、二・二六事件です。犠牲者のひとりが、渡辺さんの父親でした。


川の字になりまして、父、わたくし、母と3人で日本間に休んでおりました。それが毎日のことでございまして。

母は働き者でございましたから、その日も早く起きて、もう部屋にはおりませんでしたけれども、6時前でございましたか、反乱軍がトラックで乗りつけてまいりました時は、父とわたくしだけが休んでおりました。

——そこへ将校たちが押しかけてきた。

はい、そうですね。家の門の前に、トラックで三十数名の青年将校と兵隊たちがまいりました。

門が、けっこうがんじょうだったものですから、それを開けるように、怒号と申しますか、さけんだり弾を撃ったりしていました。

この人たちは、斎藤實《まこと》内大臣をすでに殺してから来ておりますから、気も立っていたんだと思いますけど、ずいぶん大きな声でさけんだらしくて、その声が父とわたくしの休んでいるところまで聞こえました。

すぐに父は起きて、枕元にあるたなからピストルを取って、わたくしに「和子はお母様のところに行きなさい」といって、逃がしてくれました。

まだ朝6時前だったものですから、わたくしはほんとに眠くて、寝ぼけ眼で母の所へまいりましたら、母は門まで来ている兵卒たちを入れまいとして、気をつかっていたわけです。

母はわたくしのことなどかまってくれませんでしたから、またわたくしは父が好きだったものですから、来た道をもどって、父のそばにもどっていったんです。

父は銃撃の名手でもあったようでございますけれども、横になって銃を構えて待っていたんですね、敵が来るのを。

ところが、そこへわたくしがもどってきたものですから、とっても困った顔をいたしまして、「自分の足元に立てかけてある座卓の後ろに入れ」と、目顔で合図をしてくれました。

わたくしが、座卓の後ろにかくれたとたんに、弾が飛びかいました。

父は、まず最初に、動けないよう足を軽機関銃で撃たれておりましたが、やがて、兵卒2人と陸軍将校の少尉2人が入ってきて、動けなくなっている父にとどめを刺して帰りました。

それを父の足元の座卓のかげから、わたくしはずうっと見ておりました。

将校たちが引きあげていくのを見まして、父を見ますと、まったく片方の足は骨だけになっておりました。それほど軽機関銃で乱射したようでございますね。

そして「お父様」っていって、座卓の後ろからわたくしは出ていきましたけど、もちろん父は亡くなっておりました。

――お父様が亡くなったのを目の当たりにした時、どんな感じだったのでしょうか。

わたくしがその時、感じたのは、「ああこういうものか」っていうことだけ。

というのは以前から憲兵が２人、家の２階にＳＰのような感じで泊まっておりまして、その日もいました。わたくしが父といっしょに、１軒となりの姉の家に訪ねていく時も、憲兵が付いてきておりました。

そういうことがあったので、幼心ですけれども、「父の身には何か起きるのかもしれない」と思っていたんです。母もなにもいいませんでしたし、父もなにもいいませんでしたけれども、やっぱり感じていたんですね。

だから「ああ来た」っていう感じで、わたくしは受けとめたんだと思います。

だから、もちろんひとつもさわぎませんでしたし、父が死んでも涙も出しませんでした。

わたくしが父と接触する時間は、小学校に行ってからは少なかったと思います。

ですが、父が帰ってきたっていうと、わたくしにはいちばん先に飛んでいって、父に飛びつく特権がございました。

父もわたくしをとてもかわいがってくれまして、「この子とは長くいっしょにいられないから」と、周りにいっていたようでございます。

宮中の参内から帰った時は、よく軍服のポケットから宮中でいただいたボンボンなどをわたくしにくれておりました。

父は家では軍服をぬいで、いつも着物を着ておりました。着物を着ていすにすわって、そのひざの上にわたくしをのせてくれて。小学校の1年生くらいのことだったと思います。

わたくしの通っていた東京の成蹊《せいけい》小学校は、私立でちょっと変わっておりまして、『論語』を1年生から読ませてくれたんです。「論語読みの論語知らず」とかいって、兄たちからは冷やかされましたけれど、父はとっても喜んで、わたくしをひざの上にのせては『論語』を開いて、「ここはこういう風に書いてあるけれども、これはこういう意味なんだよ」って教えてくれました。

わたくしにとっては、本当にやさしい父でございました。

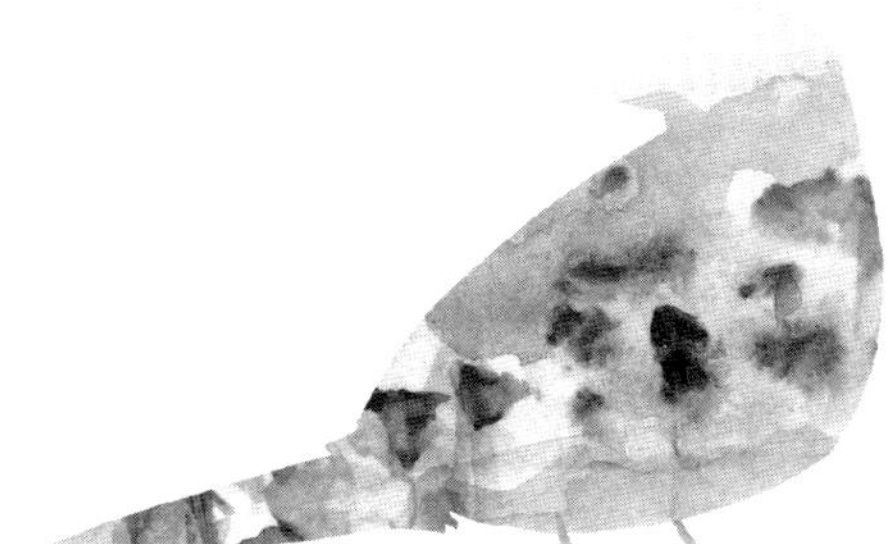

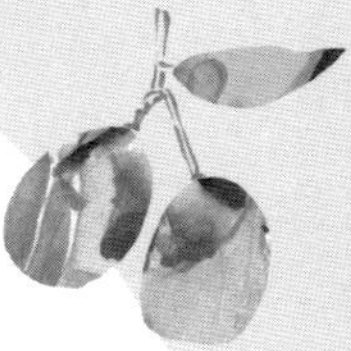

父が母を勇気づけてくれたことで
わたしは生まれました。

――お父様が五十代の時に、おできになったお子さんだったのですね。

53歳で、旭川第七師団の第10代師団長になって2年目か3年目でございましょうか。周りの方から「師団長に孫が生まれたことはあるけれども、子どもが生まれたことはない」といわれたようです。

わたくしの姉が長女で、22歳上になりますが、ちょうど同じ年に、長女を産んでおります。

ですから孫と子どもがいっしょにというので、母は産みたくないっていう気持ちを持っていたようです。

その時に父が「男が子どもを産んだらおかしいけれども、女が産むのに恥ずかしいことがあるものか、産んでおけ」っていって、わたくしを産んでおいてもらった。わたくしはそういう子なんです。

父のおかげで、わたくしはこの世に生を受けることになったんですね。だから父は、わたくしの命をそこでも救ってくれて、それから二・二六の日も弾からわたくしを救ってくれて。

その代わりに、わたくしだけは、父の最期を看取ったといいましょうか、敵のさなかで、ただひとりで父を死なせないですませることができたと。そのために産んでおいてくれたのかなと思います。

ほこらしげではないですけれど、母でさえそばにいなかったのに、わたくしはお父様の最期まで見た。

それこそ父の、ピストルを構えた時から最期の息絶えた時まで見た、唯一の人間でございます。

唯一の、それも最初にしていちばん大きな母への反抗。
それが洗礼でした。

――お父様がお亡くなりになったあとは、お母様がおひとりでお育てになった。幼少期から大きくなるまで、ほとんどお母様の影響を受けていらっしゃる……。

そうでございますね、特にしつけに関して母は「お父様の分まで2人分、厳しくしつけます」と、わたくしたち子どもに宣言して、本当にその通りにいたしました。
「足はそろえてすわるもので、またを開いてすわってはいけない」ということや、がまんすること。「お母様これ買って」っていっても、「まだ持っている物が十分に使えるから買いません」って。

そして口答えを許さない人でした。ですから、わたくしは本当に口答えをしないで育ちまして、唯一、それも最初のいちばん大きな母に対しての反抗が「洗礼」を受けたことです。

1945（昭和20）年4月、まだ戦争が続く中、渡辺さんは18歳でカトリックの洗礼を受けました。そして、29歳になった1956（昭和31）年に修道院へ入り、シスターになります。

もともと渡辺家は浄土真宗で、キリスト教との縁は、なんにもございません。

母は洗礼を受けたことに対して「敵性国家の宗教と考えられているキリスト教徒になるとはなにごとだ、自分は許さない」と、大変腹を立てました。

わたくしは、それまでずうっと母のいうことを守っておりました。でも「わたくしはお母様のいう通りになる人間じゃありません」っていうことを、やっぱり示したかったんですね。

洗礼を受ける時、わたくしは、自宅のあった荻窪から四谷にある雙葉《ふたば》学園のチャペルまで歩いていきまして、空襲警報が鳴るたびに防空壕《ごう》に飛びこんでいましたので、着いた時には夕方になってしまったんです。それで一晩泊めていただいて、翌朝、ドイツ人の神父様に洗礼を授けていただいて家にもどりましたら、母が3日間、口をきいてくれませんでした。

それで母と戦闘状態に入ったんですけれども、その時の生活は、戦争が主でございましたから、そんな親子の間の争いは小さなことで、おたがい、助け合って生活しておりました。

母が本当に髪ふりみだして、家庭菜園を作ってくれたり、隣組にいってお大根もらってきたりして。今までの大将夫人が、そこまでしないといけない、母に対して申し訳ない、わたくしも手伝わないといけないっていう気持ちが、わたくしの中にもありました。

キリスト教徒になって、少しずついい子になったつもりだったんですけれども、母はよく「それでも、あなたはクリスチャン?」といって、わたくしをなじってくれました。

これほど反対を押しきってキリスト教の洗礼を受けたんだったら、もうちょっとキリスト教徒らしくしなさいという気持ちが、母にはあったんでしょうね。笑顔もいいし祈りもする、人にも親切、ありがとうと感謝。日本人がキリスト教徒に持っていたイメージだったと思うんですね。

まあ仏教徒に対してもそうかもしれませんけれども、特にキリスト教に入ったとしたら、「祈りと喜びと感謝」そういうものをいつも大事にするものだと。

ところが、そのかけらもなかったようなわたくしだったものですから、洗礼を受けたにしては、あなたはなってないといって、母にとてもしかられました。

――普通の信者というところから、その先さらに、修道女、シスターというところにまでお進みになりますが。

洗礼を受けてから、11年かかりました。

修道院に入るのには30歳という年齢制限がございまして、わたくしは29歳になっておりました。18歳で洗礼を受けまして、いいかげんな信者でけっこう仕事もして、お友だちもたくさん作っていましたけれども、これまたすぱっと思い切って、修道院に入ることにいたしました。

母は「どうして結婚しないのかねえ」「どうして修道院に入らないといけないのかねえ」といっておりましたが、夜、お風呂で背中を流してくれながら、「でもねえ、結婚だけが女の幸せじゃないからね」っていってくれました。

「あなたが変わらなければ、何も変わらない」

この言葉で気づかされました。

修道院に入ったあと、渡辺さんはアメリカに派遣されて、ボストン・カレッジ大学院で学び、博士号を取得して帰国しました。

そして1963(昭和38)年に36歳という若さで、岡山にあるノートルダム清心女子大学の学長に任命されます。

渡辺さんは、仕事の重さになやみながらも、多くのことを学んだということです。

ある時、「くれない族」になったんです。

「わかってくれない」、「親切にしてくれない」、「なぐさめてくれない」、「おじぎしてくれない」、「感謝してくれない」と。

「みんながしてくれるはずだ」「わたしはだまっていてもいい」「みんながしてくれる、なのにしてくれない、だからわたくしは不幸だ」と、「○○をしてくれない」ばかり考えている人のことなんですね。

36歳で学長になって、「『シスター、大変ですねー』って、だれもなぐさめてくれない」「『この間のスピーチはよかったですよ』って、だれもほめてくれない」。

「あいさつしてくれない」「感謝もしてくれない」、そういう「くれない族」になって、修道院を出ようかとさえ思いました。

そんな時に、わたくしの上司になる東京の神父様がいらっしゃった。くどくどと不平不満を述べて「こんなはずじゃなかった」「わたくしが修道院に入ったのは、こんなことをするためじゃないと思う」というようなことを申しあげると、神父様は笑いながら、こうおっしゃったの。

「あなたが変わらなければ、何も変わらないよ」

そのお言葉で、本当に目からうろこが落ちたというか、「幸せは自分の心が決める」っていう言葉がありますけれど、今まで「幸せにしてもらうはずだ」「こんなに苦労していることをわかってくれるはずだ」とか考えていたのを、すっかり変えましてね。

「わたしが変わらないといけない。わたしが変わる」

と考えを変えたんです。

わたしが進んで学生にあいさつする。学生にほほえむ。

先生方に助成金をあげたのだから、本当なら向こうからお礼をいってくれていいはずだけど、わたしの方から「先生ありがとうございました。この間はとってもいい本ができましたね」っていって、ある意味、損をするわけです。

でも損をしても、構わない。そういう自分の視点を変える、発想を転換する、そういうことをしたら学校も明るくなりました。

「置かれたところで咲きなさい」も
神父様からいただいた言葉です。

そしてちょうどその時に、ベルギー人の神父様からいただいたのが、「置かれたところで咲きなさい」という短い詩だったのです。

わたくしはだんだん年を取ってきました。年を取るということも、ある意味で、置かれた場所が変わってきているということだと思うんです。わたくしの場合は、85歳の今もまだ授業も持ってますし、学校法人の仕事もさせていただいています。

けれども、定年でお辞めになった方というのは、置かれたところがちがいますよね。その前に、職場の中でも置かれたところがちがうかもしれない。

そういうすべてのことにおいて、「置かれたところで咲く」「置かれたところで咲いてほしい」、そのためにわたくしは何ができるかだと思います。

つらいことやいやなことの前には
「小さな死」と心の中でつぶやいてみます。

こんなに年を取って、体もそれほど完全でないし、部品も傷んでおりますし、「小さな死」っていうことを考えているんです。英語でいうと〝Little Death〟。いつかむかえる大きな死の、リハーサルなんです。

自分の生活の中で、つらいことやいやなこと、たとえば「ああこれからいやな人と会わないといけないなあ」と思う時には、わたくしは「小さな死」とつぶやいてから行きます。

「死」は避けられないもの。つまり「わたくしはこのいやなことを喜んで受けます」、それが「小さな死」です。

学生に「おはようございます」っていっても、返ってこない時があります。

ほとんどの学生は返してくれますけど、返事が返ってこない時は、腹が立ちますよやっぱり。

わたくしは学長で、学生に「おはようございます」って、こっちからいったのに、どうして学生から返ってこないのか。でも、「ああここで腹を立ててはいけない」と、腹を立てている自分を収める。それを「小さな死」と考えるんです。

わたくしの母が、「小さなことで腹を立てる。そのこと自体があなたの大きさを表しているのよ」っていっていたのは、こういうことなんだと思いあたりました。

そして、「小さな死」は神様のポケットに入ったと考えることにしています。神様のポケットがあるかどうか知りませんけど、わたくしなんか、大きいの持ってますけれどもね。

つまり、神様のポケットに入ったと考えることで、わたくしのあいさつはむだになっていない、わたくしのほほえみもむだになっていないんです。神様のポケットに入って、「神様、好きな時にお使いください」と。

それが、今のわたくしにできることだと思います。

ちょうど「一粒の麦」と同じです。

聖書：ヨハネによる福音書12章24節

「一粒の麦は、地に落ちて死ななければ、一粒のままである。だが、死ねば、多くの実を結ぶ」（新共同訳）

一粒の麦が地に落ちて死ぬ。でもその一粒によって、多くの実を結ぶことができます。

「おはようございます」とか「ありがとう」とかいっても返ってこない時、わたくしはむしろ「ああよかった。返ってこなかったから、わたくしの『小さな死』が、神様のポケットに入ったんだ」と考えます。返ってきたらそこで、プラスマイナス0になるだけですから。

力のないわたくしにできることは、自分がせめてわがままとか、いじわるとか、悪口とか、そういうものを自分の中で収めて、わたくしの「小さな死」を神様のポケットの中に入れて「神様どうぞお使いください」という、そんなことしかないんです。

ひと呼吸おいてみましょう。

――ずっと学生たちと接してこられて、逆に学ぶことというのは、たくさんあったのでしょうか。

わたくしのモットーのひとつに、「我以外みな師なり」というのがあります。

すべての人から、すべてのことから、すべてのものから、わたくしは習う。ですから、学生から逆に教わるということもございます。

大学にまだ来たばかりの時に、階段教室のうしろの方で話をしている学生たちがいると、「ああ、わたくしの授業は、やっぱりだめなんだなあ」と思ってしまいましてね。カッとして「そこの2人の人たち、さっきから見ていて話をしているけど、外に出なさい」っていって、出したことがあるんです。

そのあとで、体がふるえましてね。声が出なかったことがあるんです。その時、わたくしはしみじみと、「ああ、ひと呼吸おかないといけない」と思い、「おこってはいけない、しからないといけない」と、このふたつのちがいを知りましたね。

つまりわたくしは、「そこの2人、おしゃべりしてて。出なさい!」とおこったわけなんです。

ところがその時にひと呼吸おいて、「そこの2人の人たち、なにかお話があるようだけれども、お話があるんだったら外に出てお話をしてくれる? 授業中はわたくしの話を聞いてちょうだいね」って、いえばどうでしょうか。

「しかる」「注意する」にしても、おこった時の自分の神経の立ちようから自己を制御して、この学生たちに「セルフコントロール」というものを教えていかないといけないですよね。
わたくし自身も、ひと呼吸おいて、生きないといけないと思いました。

「生きる力」と
「よく生きる力」のちがいを知りましょう。

わたくしがよく思いますのは、「生きる力」と「よく生きる力」のちがいです。

いま日本では、「生きる力」ばかりに力を注いでいるように見えます。それはお金とも直結するからですけれど。

「よく生きる」「人間としてよく生きる」には、やっぱり自己制御、自己管理が欠かせなくて、その非常に必要なことが、いま抜けていると思うんです。

無機質なものを扱うことにおいては、あまりにも、幼い時からずうっと上手になっております。パソコンとか携帯とかスマートフォンとかの操作などですが。

そういう「人間味」っていうものがなくなってきている中では、気をつけないと「わたしがなにをしようと構わない」というふうになってしまいます。

ツイッターにしても、ブログにしても、匿名で出てまいりますね。わたしがだれとメールを交わしていようと、どういうサイト、出会い系サイトを開いていようと、どういうチャットをしていようと、ツイッターしていようと構わないはずじゃないか、親が知ったことじゃない、というふうに。

大学生ともなると、何時に帰ってこようとわたしの勝手で、お母様たちの言葉は「うるさい」「うざい」ということになるんでしょうね。

でも、なんでもしたいことをするというのが、自由ではないんです。自分が本当にすべきことができる人、してはいけないことをしないですむ人、それが人の「格」、「人格」となります。

では人格を備えるには、どうしたらいいか。

わたくしは「めんどうだからしよう」という言葉を、学生たちに使っております。

「めんどうだからする」

それが自由と、将来喜んでいるわたしを作ります。

たとえば、はき物をぬいだら、そのままで上がってはいけません。ちょっと手をそえて、そろえてから上がりましょう。

「めんどうでしょう?」ってきくと、学生たちは「うん、めんどうだ」っていいます。

「でもめんどうだからするのよ」と学生たちにはいいます。

あなたがたが一生懸命お化粧して、きれいになる。でもね、この大学は「美しい人」を育てます。

「美しい人」というのは、「きれいな人」ではないんです。

きれいさはお金で買える。化粧品にしてもブランド品にしても洋服にしても、また整形手術を受けてもいいし、エステに通ってもいい。全部お金がいるんです。

でも「美しさ」にはお金はいらない。自分の心との闘いです。

自由も同じです。自分の心と闘って、どれだけ不自由さを乗りこえたかで決まります。

つまり、したいことをしていては、本当の自由は得られないんですね。今の子どもさんたちを見ていると、したい放題を親がさせている。そしてなにかというと、学校が悪い、先生が悪い、仲間が悪いっていう。

そうではなくて、もっと自分の内部を見つめる時間が、学生たちにあってほしい。保護者の方たちにも、あってほしいなあって思います。

わたくしの母を見ててよく思ったんですけど、母は子どもがいま喜ぶ顔は見ようとしませんでした。

将来困らない、子どもの顔。

それがたぶん、いつも母の頭にはあったんだと思うんです。

あの時に母が、いま喜ぶ顔でなくて、将来わたくしが喜んでいる顔になるよう育ててくれた。

そのおかげで、わたくしも修道院に入りまして、いろんなつらいことがありましたけれども、ほとんどのことをがまんできる、考えることができる、そして自分なりになぜこういうつらいことがわたくしに与えられたのか、むしろそれをありがたいと思う、そういう気持ちになれたんだと思います。

とってもありがたいと思ってます。

何万の言葉を贈るより
目の前の「あなた」を抱きしめてあげたい。

当時85歳だった渡辺さんに、ひ孫のような年齢の学生たちは、いろんな相談を持ちかけます。渡辺さんは、それにひとつひとつ、ていねいに答えています。

授業のあとで、メモをみんなが書いてくれるんです。いろんな質問や相談が書いてありまして、そのメモの中に、「ボーイフレンドがわたしのことを捨てて、他の女の人のところにいってしまった。悲しくてしょうがない。シスターどうしましょう」というのもありました。

わたくしは、「男はごまんといるんだから、放っておきなさい。そのうちに、もうちょっといい人が出るから」と返す。

すると次の授業のメモに、「シスター、ほんとにそうでした。前の人よりよっぽどいい人に会いました」って書いてくる。

学生の顔は知らないんですよ、2360人おりますから。書いた人がどの人だっていうことはわからないですけれど、わたくしの授業を取ってくれていることだけは、わかっています。

だれがいったとか、そういうことは、いっさいわたくしの方でいいませんから、相談してくるのでしょうね。

「わたくしは、あなたがたのひいおばあさまくらいの年なのよ」っていっても、学生たちは全然構わないですね。

ある学生は、「自分の弟が鬱病《うつびょう》になったけれども、シスター、どうしてやったらいいと思いますか?」と聞いてきました。

「わたしも鬱病だったけれども、お医者様のおっしゃる通りにして、がんばりなさいとか、あなただめじゃないとか、そういうことはいわないで、本当にやさしく寄りそってあげてごらんなさい」って一筆箋《いっぴっせん》で返事を書いてあげたところ、喜ばれました。

――最近、自殺ということも、よく耳にします。若い人たちから、そういう相談はありますか。

直接、自殺をしようと思っているというメモはございませんでしたが、リストカットをずいぶんしたと、話しに来た人はいます。

「わたしなんか、いてもいなくても、わたしの母親は妹がいればいいんです。シスター、わたしは朝起きて、ごはん食べて、そして機械的に学校に来て勉強して、また夜寝て……。なんのために生きてるかわからない。

母親はわたしなんかいてもいなくても構わない。妹がいれば母はいいんだ。だから自殺したい」そういうんです。

それでわたくしが、「じゃあ、ひとりでも、あなたが大事だっていう人がいたら、自殺しない？」って聞くと、しませんっていうので、「わたしがそうなんだから、自殺する前には必ずあいさつに来なさい」っていいました。

きちんと卒業していってくれて、今は、いい家庭を作っています。いつかＣＭかなにかにあったと思うんですが、「命は大切。命を大切にと何千何万べんいわれるよりも、あなたが大切だと、ひとりでもいいからいってくれたら、わたしは生きていける」と。本当にそうだと思います。

「あなたが、わたしにとっては、地球よりも大事な人なのよ」って抱きしめてあげる愛情。言葉ではなく、それを求めているのだと思います。

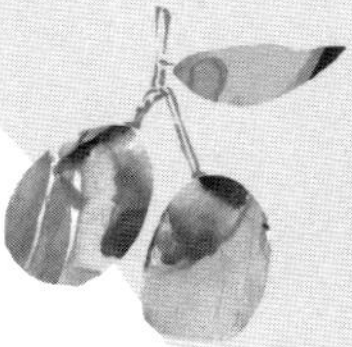

小さなこと
ひとつひとつに愛をこめる。

ノーベル平和賞を受賞したマザー・テレサが1984（昭和59）年に来日した時、渡辺さんは通訳を務めました。

渡辺さんは、身近に接したマザー・テレサから、多くのことを学んだといいます。

マザー・テレサ（1910年8月26日～1997年9月5日）

カトリックの修道女で、インドのコルカタで貧しい人々の救済活動に取りくみ、「神の愛の宣教者会」を創立。その後、「死を待つ人の家」をはじめ、ホスピスや児童養護施設を開設し、病や貧困により見捨てられた多くの人々に救いの手を差しのべました。1979年ノーベル平和賞受賞。

マザーの第一印象は、ずいぶん厳しいまなざしをお持ちの方だと思いました。

その時の教皇様、ヨハネ・パウロ2世は温顔な方だったんですが、教皇様と比べると、マザーは顔もしわくちゃで、たくさんのみじめな死、生活を見ていらしたためでしょうか、非常に厳しい方だという印象を持ちました。

ただお話をしてみると、ユーモアもおありになるし、本当に見捨てられた人たちこそ大事だという、そのお考えを持った方だと感じました。

マザーから受けたいちばん強烈な印象は、あの方は本当に「祈りの人」だということですね。

マザーは、仕事をたくさんしてらっしゃいますね。そのお仕事は、全部「キリストに仕えている」仕事なんです。

こういうことをおっしゃってました。

「みんながわたしを福祉事業家だというけれども、わたしは事業家ではありません。わたしの心をいつも占めているのは、数でも群衆でもなくて、ひとりひとりの魂です」

という言葉を、ノーベル平和賞をお受けになった後、おっしゃっていました。

人々がマザーに「なぜあなたは政府を動かして、インドの貧困を無くさないんですか」「なぜ世界平和のために声を上げないんですか」といった時におっしゃったのは「わたしは偉大なことはできません。ただ小さなこと、ひとつひとつに大きな愛をこめてすることができます」と。

道ばたでたおれている人を介抱して、また産み捨てられた子どもを養い、エイズとかハンセン病とか人々がいやがる病人の世話をしておやりになる。

それをあの方は「お仕事」ではなくて、本当にその人たちひとりひとりがイエス・キリストだと、信仰に基づいて考えてしてらっしゃる。

それは、『聖書』のマタイによる福音書25章35節から36節にあります。

「あなたは、わたしが飢えていた時に食べさせてくれた。のどがかわいていた時に飲ませてくれた。裸の時に着させてくれた。病気の時に見舞ってくれた。だから天国へ入りなさい」と。

その人たちは、「いいえ、わたしは、生きている間、イエス様、あなたとお会いしたこともない。なのにどうして、あなたに食べさせたり飲ませたりしたことになるのですか?」

そうおたずねするとイエス様が、「わたしのもっとも小さな兄弟のひとりひとりにしたことは、わたしにしてくれたこと」と答えられます。
それを信じきって、マザーはしてらしたの。
それはわたくしにはできませんけれども、マザーのおえらさだと思います。

——それが、最初におっしゃった「祈りの人」という意味ですか。

あの方にとっては体を清拭《せいしき》している間も、それからお薬を飲ませてやってらっしゃる間も、それは神様、イエス・キリスト様の体をふいてあげている、イエス・キリスト様にお薬をあげていることです。
つまり「神とのコミュニケーション」というものを、絶えず持っていた方だと思います。
「仕事は仕事」「チャペルに行ったらチャペルで祈る」というのではなくて、あの方の生活全体が「祈り」だったというふうに思います。

岡山においでになって、プラットホームにあふれかえるほど人がおりました。

そしてマザーがお歩きになるところ全部、カメラのシャッターが切られ、フラッシュがたかれておりました時に、わたしがそばで通訳しながら感心したのは、いつもマザーが笑顔だったということなんですね。

その日は、朝6時過ぎに東京を出て、広島においでになって大きな講演をなさって、それから岡山にもどってらして、それも夕方の5時ごろだったでしょうか。

それから岡山の教会でお話をふたつなさって、わたくしどもの大学生たちにもひとつしてくださって、それがすんだ時は、ほとんど夜8時半で、11月23日、ちょうど勤労感謝の日でしたから、もうずいぶん寒うございます。暗くなっていて、「マザー、おつかれでしょうから、修道院でお休みになりませんか」っていってお連れしているその時に、ふっとわたくしにおっしゃったんです。

「シスターね、わたしは、フラッシュがたかれるたびに魂がひとつ、神様のみもとに召されていくように、神様とお約束がしてある。

どんなにわずらわしいフラッシュでもシャッターでも、わたしはいやな顔はしません。わたしの小さな犠牲といいましょうか、『小さな死』を遂げる。その代わりに神様、ひとりの人を救ってやってくださいと、神様とお約束がしてある」と。

それをうかがいました時に、この方は、なんにもむだにしてらっしゃらないと思いました。

そこに穴があいているがゆえに、
見えることがあるのです。

渡辺さんは、85歳となるまでに、大きな病気に何度かなやまされました。

50歳の時には鬱病になり、68歳で膠原病をわずらいます。その治療薬の副作用で、背中の骨が損傷し、身長が14センチも縮みました。

齢が重なり、病にむしばまれることで「ふがいなさ」を増す自分自身。

それだからこそ見えてくる世界があると、渡辺さんはいいました。


いま鬱病になっている人が多いですね。学生でも鬱的な人が多いですけど、その人たちに、わたくしが「シスターもなったのよ」というと、安心するんですね。

なった時は本当に神様をうらみましてね、50歳でしたから。神様は働きざかりのわたくしに、なぜこんな病気をお与えになったんですか、といいましたけれども、「なぜ」でなくて、「なんのために」お与えになったかというと、どっかで使うために下さったんだと思うんです。

学生たちに「だいじょうぶよ、きっとよくなる。それは、なったわたしがいっているから」って話せるんです。

わたくしは「人生には、穴があくことがある」と思うんですね。ぽっかりと思いがけない病気をいただいたり、それから挫折をしたり、人から中傷されたり、裏切られたり。

鬱病を50歳の時にわずらいましたけれども、その時に「なぜ鬱病をいただいたか」っていうことと同時に、鬱病をいただいたがゆえに、「これはなんのためにいただいたんだろう」っていうふうに、発想をちょっと変えました。

それは「この世の中にむだなものはないんだ」という大前提のもとなんですが、鬱病をいただいたがゆえに、人生の穴にたとえてみれば、すきま風もふいてくるし、行動も制限されてむずかしくなる。

でも、人をうらんだり、なぜなぜと聞くのでなくて、「穴があくまで見えなかったものを、その穴から見てやる。そして、見えるんだ」と、そういう方へ自分を持っていったと思います。

たとえば、非常に暗くて深い井戸があったとします。その井戸の底に、肉眼では昼間見ることができない星影が映ってるんだそうです。肉眼では見えないものが、穴があいているがゆえに、見えることがあるんです。見えなかったものを、あいたがゆえにその穴から見る。それだけ自分は豊かになる。そういう考え方に自分を切りかえていきたい、という気持ちを持つようになりました。

学生たちにも、「あなたがたの人生にも今までに穴があいたかもしれないし、これからもきっと穴があくと思う。その時に、なぜなぜと後ろばっかり向かないで、前向きに、これはなんのために、わたしのためにあいた穴なのか、ということを考えるようにしたらどうですか」っていうふうに話をしているんです。

年を取るということも、ある意味で、今まで歩いていた平坦な道に、でこぼこの穴がたくさんあきはじめたといえます。

目も耳も歩くことも、いろんなことが少しずつ不自由になって、部品も長く使っておりますから、それだけ悪くなっておりますけれども、でも老いも悪いものでは必ずしもない。

つまり老いるまではわからなかったことを、わかることができる。ちょうど人生に穴があくまで見えなかったものが、穴があいたがゆえに見えた。

同じように、老いるまではわからなかったことが、老いたがゆえに、少しわかるようになった。


わたくしの好きな言葉なんですけど、「木を切るのに一生懸命で、斧《おの》に油をさすひまがなかった」っていう言葉を、ある定年に達した方がおっしゃったんですね。

わたしは今まで木を切るのにいそがしくて、斧に目を向けるひまがなかった。結局木を切るお仕事が終わって、初めて斧を見るひまができた。ひまに見たらば斧がぼろぼろに欠けていた。

確かにわたくしは、仕事はいっぱいした。木をたくさん切ったわけですね。けれども、木を切る間に、なぜもうちょっと斧に油をさしてやらなかったか、いたわってやらなかったか。

つまり、わたくしたちの人生は、今までは量が問題だった。「doing, to do」という英語の言葉がございますけれど、「do＝する」ことが非常に大事だった。

ところが、人生も終わりに近づきますと、することが限られてくる。とすると「どうするか」「いかにていねいにするか」「いかにまわりを見ながら、まわりの人に対して何か自分ができることはないか」ということを頭に入れながら、するようになる。つまり「to be, being＝あり方」

「自分のあり方」が問題になる。

今までは、することに一生懸命。その自分が、「している自分はどういう人間なのか」ということを考えだす。

「斧を見るひまができてきた」は、わたくしにいわれた言葉のように自分では受け取っているんです。

仕事一本で、「もうとにかく仕事をすればいいんでしょ、すれば」というような気持ちでいたわたくしが、「どういう気持ちでこの仕事をするか」という、「自分のあり方」に目を向けることができた。量よりも質に目を向けることができるようになった。

そういう点では、ひとつのチャレンジとして、「老いというものの恵」として、老いを受け取ることができるのではないだろうか、というふうにちょっと考えるようになりました。

わたくし、よく思うのは、「今日は、わたくしのいちばん若い日」という言葉なんです。

母が85年前に、零下24度の寒さの旭川で、それほど産みたくなかったのかもしれませんけれど、わたくしを産んでくれました。

その日から今日は、いちばん年を取ってます。

明日はまた1日、年を取ります。ということは、今日はわたくしにとって、これ以上ない若い日なんです。でしょう?

だから若々しく生きようと思います。笑顔で生きようと思います。

わたくしも自分の人生の春、夏、秋、冬、今もう冬だと思うんですけど、その冬を過ごしていて、若い人たちが、元気よく階段をかけおりていったり、ハイヒールでカツカツ歩いているのを見ると、わたくしにもあんな時があったんだなと思う時がございますけれども、その春、夏、秋をなつかしんでばかりいてはいけない。

冬が来たら冬のことだけ思う。

そして冬をいかにして過ごすか、冬の魂にふれ、冬の命にふれる。

そして、冬だけが持つ、深さと静けさと厳しさ、それを習っていこう。

そういうことを思うようになりました。

100万人の心をつかんだシスター

「渡辺和子シスターの言葉が多くの人の心に入ってゆくのは、どうしてか？」

この疑問が、本書の元となった番組の原動力でした。

渡辺シスターが出演された「こころの時代～宗教・人生～」は、さまざまな分野で一筋の道を究めたり、困難を越えて生きる手がかりを模索してこられたりした方々のお話をうかがうことで、混沌《こんとん》とした現代に生きる指針を提示しようとする1時間のテレビ番組です。NHK・Eテレで、毎週日曜朝5時と土曜午後1時から、本放送と再放送が行われています。（2018年6月現在の放送枠）

番組名に「宗教」が入っていますが、宗教・宗派に関わる人々にとどまらず、「宗教的な思考や背景」に基づいて「よりよく生きる」ことに取りくんでおられる方々に、広く登場いただいています。

私は、番組制作当時、個別の番組の責任者であるプロデューサーを務めていました。

渡辺シスターと直接お目にかかったのは、2007年に担当になって間もなくの、東京の放送センターで開かれた番組の会議が最初でした。

渡辺シスターが、二・二六事件の生き証人であり、岡山の学校法人で要職に就いておられることを知り、番組に出ていただく機会をうかがっていたところ、本書でも語っておられる「置かれたところで咲きなさい」と同じ意味の言葉を表題にした著書がベストセラーとなったことから、出演のお願いをさしあげ、番組となったしだいです。

「こころの時代」では、基本的には、出演いただく方々の活動の場で収録を行っていて、収録前に、場所の確認をかねた打ち合わせを行っています。

渡辺シスターの時は、7月の真夏日の午後、岡山のノートルダム清心学園へ、きき手のアナウンサー、制作実務を担当するディレクターと共にうかがいましたが、「あこがれの人」を前に、いつになく緊張したのを覚えています。

ベストセラーとなった著書は、その後200万部を超えたようです。

元「こころの時代」プロデューサー　三嶋　誠

渡辺和子（わたなべ かずこ）

1927（昭和2）年2月11日北海道旭川生まれ。

1936（昭和11）年2月26日、9歳の時に、
武装蜂起した陸軍の青年将校によって
教育総監だった父・渡辺錠太郎が目の前で殺害された。

1945（昭和20）年4月、太平洋戦争の最中18歳で
母の大反対を押しきり、カトリックの洗礼を受ける。

1954（昭和29）年、上智大学大学院で修士号を取得し、
1956（昭和31）年、29歳で
ナミュール・ノートルダム修道女会に入る。
修道会の命によりアメリカに派遣される。
ボストン・カレッジ大学院で博士号を取得して帰国後、
岡山のノートルダム清心女子大学教授を経て、
36歳という若さで同大学長に任命され、
その後ノートルダム清心学園理事長に就任。
日本カトリック学校連合会理事長も務めた。

68歳で膠原病をわずらい、
薬の副作用のため背中の骨を損傷し、
身長が14センチ縮むという経験をしながらも、
亡くなる直前まで教壇に立ち続けた。

2016（平成28）年12月30日帰天。

200万部を超えるベストセラー
『置かれた場所で咲きなさい』（幻冬舎）の他
『幸せはあなたの心が決める』（PHP研究所）
『スミレのように踏まれて香る』（朝日新聞出版）
など多数の著書を遺している。

NHK Eテレ「こころの時代〜宗教・人生〜」
『“ふがいない自分„と生きる』
制作・著作　NHK
制作　NHKプラネット近畿
チーフプロデューサー　三嶋 誠
ディレクター　武田英幸
きき手　小山正人

校正　株式会社鷗来堂
装画・カット　アカネ

“ふがいない自分„と生きる　渡辺和子
NHK「こころの時代」

NHK Eテレ「こころの時代〜宗教・人生〜」制作班／編
初版発行／2018年8月
発行所　株式会社金の星社
〒111-0056　東京都台東区小島1-4-3
TEL　03-3861-1861（代表）
FAX　03-3861-1507
振替　00100-0-64678
ホームページ　http://www.kinnohoshi.co.jp
組版　株式会社鷗来堂
印刷　株式会社廣済堂
製本　東京美術紙工

96ページ　18.8cm　NDC914　ISBN978-4-323-07425-2
乱丁落丁本は、ご面倒ですが小社販売部宛にご送付ください。
送料小社負担でお取り替えいたします。